कभी जल कभी जाल

(प्रेम कविताएँ)

कभी जल कभी जाल

हेमन्त कुकरेती

वाणी प्रकाशन ग्रुप

भारतीय ज्ञानपीठ

वाणी प्रकाशन : भारतीय ज्ञानपीठ की पुस्तकों के एकमात्र प्रकाशक एवं वितरक

सजिल्द पहला संस्करण : 2008
सजिल्द दूसरा संस्करण : 2025

लोकोदय ग्रन्थमाला : ग्रन्थांक 953

वाणी प्रकाशन ग्रुप

4695, 21-ए, दरियागंज, नयी दिल्ली-110 002
फ़ोन : 011-23273167, 23275710
ईमेल : sales@vaniprakashan.in

कभी जल कभी जाल

(कविता)

हेमन्त कुकरेती

ISBN : 978-93-6944-888-3 (N)
ISBN : 978-81-2631-552-9 (O)

मूल्य : **325**

मुद्रक : *सिटी प्रेस, दिल्ली-110 095 में मुद्रित*

Kabhi Jal Kabhi Jaal (Poetry Collection) *by* **Hemant Kukreti**

प्रेम और अप्रेम; अन्ततः प्रेम की ये कविताएँ
सुमीता के लिए
कि प्रेम आनेवाले कल की स्मृति होता है

अनुक्रम

कावेरी

तुम कभी मुझमें
रेत ढूँढ़ते हो
कभी सीप
कभी आकाश

तुम कभी मुझे
मीन कहते हो
कभी जल
कभी जाल

तुम कभी मुझमें
अपना चेहरा देखते हो
कभी हाथ
कभी पैर

तुम कभी मेरा
नमक चखते हो
कभी अमृत
कभी आग

तुम कभी मुझमें
पत्थर फेंकते हो

कभी थकान
कभी उल्लास

मुझे नदी कहो
बूँद या
सागर
मुझमें बस डूबने से बचो।

किनारे पर

नारियल के पेड़ कमान से तने होंगे
हवा की तरह वह मुझे बींध जाएगी

धूप होगी दुर्लभ
रेत पर वह लिख रही होगी पानी
उसके पैरों तक सीपियाँ सकेर लाएँगी लहरें

वह उठेगी तो लेट जाएगी
सोचने बैठेगी तो चलेगी
चलेगी तो आएगी मेरे पास
मैं बटोर लूँगा सीपियाँ
माँगूगा उससे शंख

वह बोलना शुरू करेगी तो सनसनाते खारेपन के साथ
छिप जाएँगी उसके बालों में हवाएँ
मैं कामना करूँगा कि वह मुझे प्रेम करने को कहे
चाहूँगा कि देखे मुझे डूबता हुआ

किनारे पर ही रहूँगा मैं
बहुत आगे निकल चुकी वह लौटेगी मेरे साहस के क़रीब

धूप होगी तो लाल होगा आकाश
लेकिन नीली होगी शाम उस रोज़

वहीं पड़े रहेंगे हम
मैं उसका हाथ पकड़कर ले जाऊँगा सूर्योदय तक
चिड़ियों से भी पहले उठकर।

हमने बनाये

हमने नहीं चुना था वह जंगल
न वहाँ रहना ख़ुशी थी हमारी

हमने उधेड़कर रख दिये अपने अर्थ
जला दिये अपने कपड़े
नष्ट कर दिये नागरिकता के तमाम चिह्न

कुरेदते रहे अपने घाव
जब बहुत ज़रूरी हुआ
हमें लगा इसके बिना नहीं चलेगा जीवन
हम रिस गये अपने आदिम ज़ख़्मों से

हमारे नाम हो गये सारे महासागर

नन्हे टापुओं को बनाकर
सो गये अपने हाथों पर सिर रखकर

भूख लगने पर हमने अन्न पकाया
अपने मांस को ज़िन्दा रखने के लिए
उसे तपाया

वहाँ हम फेंक दिये गये थे बन्धु!
तब भी हमने उसे माँ समझा
और उसके आकाश को पिता

जैसे कोई जन्म लेता है
ज़रूर वैसा ही जन्म हुआ होगा हमारा

जैसे और लोग खोलते हैं आँखें
हमने भी देखना चाहा होगा संसार

हमारी आँखों में दोष नहीं था
फिर भी वह दुनिया कहाँ हो सकी अपनी

मैं उससे मिला और बना डाली धरती

ऐसे भी जिया जा सकता था
ऐसे भी जीकर सुखी थे हम!

ख़ून की वही चमक

हम मिल गये
ऐसे मिलना आसान नहीं होगा
हम जब मिले ऐसे ही मिले

दो शरीरों से निकलते दो हाथों की तरह
जो अपने कन्धों को छोड़कर
समा जाते हैं अतल में पा जाते हैं रोशनी

हम मिले अपने पैरों से चलकर
अपने घर से बाहर अपने शरीर के साथ
बचपन के कपड़े पहने
जो सहसा एक दिन छोटे पड़ गये
और फेंक दिये गये

यात्राओं में मिले हम जो हमें कहीं नहीं ले गयीं
एक-दूसरे को थामे घूमते रहे सड़कों पर
जो हमारे साथ नहीं चलीं

हम मिले यादों के उसी पेड़ के नीचे
हमारे सिर पर पंख गिरे उन्हीं पक्षियों के
उसी तरह की गन्ध वाले पत्तों ने छुए हमारे पैर
जैसे पूछा आ गये तुम
आख़िर इतने दिनों के बाद एक साथ

हम मिले दो हाथों जैसे पा गये दो और हाथों को
जो अलग-अलग शरीरों के अंग थे
और ढूँढ़ रहे थे ख़ून की वही चमक
जो चमकती है प्रेम की आँखों में
तहस-नहस कर देनी है नफ़रत का नरक...।

अब तक

यदि मेरी भाषा नहीं बिगड़ती
मैं तुम्हें समझ सकता था
तुम्हारे साथ देख सकता था
आने वाले साल की नयी धूप
पर फिर नहीं निकलता वैसा दिन
निकलता भी तो मैं बीमार हो जाता
जाते हुए वर्ष के कोहरे को निगलकर

जहाँ से पर्वत बिगड़े
वहीं दरक गयी पृथ्वी
नदी बिगड़ी वहीं
जहाँ मिल गये उसमें नाले

पत्थर बने चट्टानों के बिगड़ने से
आदमी ने तराशकर उन्हें अपनी शक़्ल दी
और रोने लगा उनके आगे

जिस जगह रोया आदमी
वहाँ बन गये पागलख़ाने

मिलने से पहले भी हम नहीं थे सुखी
सुखी होते तो हो जाते घर

समाप्त होते समय के पीछे तुम्हें कर देता विकल
बन जाता प्रेम सिखाने वाली किताब

मैं नहीं बिगड़ता तो
तुम्हारी पाठशाला हो जाता अब तक।

कल ही की बात

वह घबरायी हुई थी
मैंने उसे डरने से नहीं रोका

कुछ ही देर हुई थी
मुझे उसके साहसी होने का पता चला

मैं पड़ रहा था अकेला

वह मुझे समेट रही थी
मुझे लग रहा था मैं बच जाऊँगा
इस तरह विलीन होने से

किसी तर्क से छूट जाते हैं सब
मेरे साथ यह भी नहीं हुआ

मैं उसके घबराने से डर रहा था
अभी कल की ही बात है।

जो बच सकते हैं

जब करने को कुछ नहीं होता
ग़ुस्से से भर जाता हूँ मैं

मैं अकेले पेड़ों के पास जाता हूँ
पत्तियों पर पड़ी धूल को
साफ़ करता हूँ
जैसे रोक रहा हूँ अपना ग़ुस्सा

अपने निखार पर पत्तियाँ
मेरी आँखों-सी चमकती हैं

बहुत ग़ुस्से में होने के कारण
मैं प्यार नहीं कर पाता
ढूँढ़ता हूँ वह जगह
जहाँ जन्म लेता है प्रेम

जो कभी नहीं कर सके प्यार
उनसे कहता हूँ प्रेम करो
और बच जाओ
ग़ुस्से के दबाव में
मर जाने से

मैं उन्हें बताता हूँ कि
वक़्त की मार से पहले
मैंने भी किये प्रेम
कुछ था उनमें जो कहता
'छुओ मुझे'
मेरे ही कारण तुम
अलग लगोगे

जो कर सकते हैं प्रेम
मैं उन्हें ढूँढ़ता हूँ।

आशय मेरी हस्ती के

मेरी हस्ती के आशय क्या हैं
मुझे कोई गुमान होता उससे पहले ही उसने कहा
मेरे लिए तू यही चार बूँद मनुष्य है
जो छलक कर बिखर गयीं

बाक़ी जो होगा तेरा पता
कुछ तेरे नाम का अर्थ होगा
तेरा कोई संसार
जो तुझसे छूट गया; मेरा हुआ
वही है तू

मैं उदास हुआ इसे कैसे पता चला ऐसा हूँ मैं
इतना ही हूँ जानता था

बुखार था
ख़ुमारी थी या उजड़ गयी थी क़ायनात
महल नहीं रचा
सड़क पर काट देंगे
एक रात ही तो है... टूट जाएगी

चित्त कितना अशान्त : घिर आयी हैं स्मृतियाँ

मेरे समय के चंट बूढ़े अपना नाम लेते हैं
दुनिया का हाल पूछने पर
इससे ज़्यादा क्या जानेंगे

उनके साथ जीने से अच्छा हुआ मैंने ज़हर पी लिया
तेरे पास चला आया
नहीं है मेरा कोई ठिकाना
कुछ नहीं हूँ मैं
संसार की अच्छी कही, जन्म लेते ही वह छूट गया
फिर भी मेरी अपनी हस्ती है

दिसम्बर में भी मेरी हथेलियाँ उम्मीद की तरह गर्म हैं
मेरी मुख का उजाला रंग है मेरे समय का

मेरा घर पूरा समाज है।

कोई

कोई मुझे याद करता होगा
वह सोचता है
और कुछ लिखने को
काग़ज़ ढूँढ़ने लगता है

'कोई' जादू है
इस शब्द में

शब्द गूँजता है
और दरवाज़े से बाहर निकलकर
दूर तक चला जाता है

वह लौट आता है
अपने पास
पर अब भी
कोई चीज़ उसे परेशान किये है

सोने का वक़्त हो गया
वह सोचता है
और याद करता है
उस गुमी चीज़ का नाम
जो उसके दिमाग़ में बज रहा है

‘कोई’ लौटता है
उसकी नींद में
वह थक चला है

‘कोई’ उठता है
और उसकी नींद के
आगे-आगे चलता
सपनों में ले जाता है उसे

काग़ज़ फरफरा रहे हैं
शब्द चुप।

नदी की बेटियाँ

उसकी आँखें मुँदी हैं
मैं उसे डूबता देख रहा हूँ
उस कहानी में
जो उसने सुनाई थी

कहानी के अन्त में
कुछ नहीं बचा
नदी की बेटियाँ
एक-दूसरे को ढूँढ़ती
रास्ता भटक गयीं

यादों के चेहरे होते हैं
उनमें डूबी हुई
वह धुँधली-सी दिख रही है
रह-रहकर उठ रही है
दूर की आवाज़

अपना रास्ता भूला कौआ
सूरज को घूर रहा है
और हम उसे

पेड़ों की पत्तियों पर धूल है
वहीं रास्ता ढूँढ़ रहा है सूरज

मुझे लग रहा है
हम नहीं सह पाएँगे
इस तरह दिन का टूटना

नदी की बेटियाँ जागेंगी
शाम की नींद से

और ख़ुद को अकेली पाकर
रोने लगेंगी ज़ोर-ज़ोर से।

उसके बारे में

उसे बेहद पसन्द थी
प्रेम-कविताएँ

उसकी कविता में
लड़कियाँ जान-बूझकर
भूल जाती थीं किताबें

लड़के उनमें रख देते थे तितलियाँ

धीमी आवाज़ में बोलते थे लड़के
बहुत दूर से
सुन लेती थी लड़कियाँ
उनकी आवाज़

वह जानता था
खिड़की से झाँकती
लड़की के रोने का कारण
उसे पता था
लड़कों को कहाँ ले जाती है रेल

उसे अच्छी लगती थी
प्रेम करती दुनिया

उसने प्रेम नहीं किया था कभी!
उसके बारे में कहा जाता था।

हम करना चाहते हैं प्यार

हम करना चाहते हैं प्यार

नज़दीक से देखिए
हमारे होठों पर थमे हुए चुम्बन
हमारे चेहरे के उड़ते हरेपन पर
चिन्ता ज़ाहिर कीजिये

अकाल में
हमने ख़ुद को बचाया है
नरभक्षी इच्छाओं से

हम हँसते रहे हैं कि
कभी आप समझेंगे हमारा दुख
महसूस करेंगे वह लड़ाई
जिसे हम लड़ते हैं
और हर बार हार जाते हैं

दूर खड़े रहकर
आप तमाशा न देखिये
हम दिखा रहे हैं
ज़ख़्मों से बहता लहू

हम उधेड़ लेंगे अपनी चमड़ी
आपको सुनाई नहीं देगी
हंटरों की चाप
फोड़ लेंगे आँखें
आप देखेंगे भी नहीं उनकी तरफ़
जब हम काटने लगेंगे हाथ
'नहीं-नहीं'— कहते हुए
आप तालियाँ बजाएँगे
कहेंगे— 'प्यार में हिंसा पाप है'

आप कभी नहीं मानेंगे
कि हम खेल नहीं दिखा रहे
जतला रहे हैं प्यार

ख़ाली हाथ होने के बावजूद
हम आपको देना चाहते हैं
प्यार की आँख से रिसता ख़ून
कि आप रंग सकें
अपने बेजान होठ।

क्या करे इस देह का

यह देह दिन में
सौ बार जन्मना चाहती है
हज़ार बार मरना
यह समझती है ख़ुद को अमर
क्या करे इस देह का

कमलगन्ध उठती है
इस देह से
ओक भर-भर पीती
बचाकर नहीं रखती कुछ
कल के लिए
यह नहीं जानती
कैसा होता है अकाल
क्या करे इस देह का

कहीं भी जाग जाती है रात-बिरात
विष-बुझी-सी घूमती
उगलती है फेन
सागर में भी क्या उठते होंगे
ज्वार
क्या करे इस देह का

यह चाहती है
सूरज भर आग
राख होने के लिए
पृथ्वी भर जंगल
समाने के लिए सात समन्दर

आकाश से बाँटना चाहती है
अपना ताप
सोखना चाहती है
हवा की नमी
यह पृथ्वी होना चाहती है
मन की डिबिया में
छुप जाती है बुलाने पर
क्या करे इस देह का

कमल गन्ध पीती
इस देह से
फिर उठने लगी है गन्ध
क्या करे इस...
इस देह का।

शेष प्रसंग

भाषा में जैसे होता है परन्तु
प्रेम में बचा रहता है फिर भी
रोज़ कम होते जीवन में बची रहती है
जीने की सनातन आकुलता

मौसम आने पर बंजारे परिन्दों के
बन ही जाते हैं जोड़े
आवारा लोग टिक ही जाते हैं
कहीं पर तो एक जगह
समुद्र की सुन ही पड़ती है अतल चुप्पी
घोर विषाद में थम जाता है
अन्दर का कोलाहल

दुष्ट अपने ईश्वर को
पीली किताब से बाहर निकालकर
पूछते हैं अपनी सज़ा

सज्जन पृथ्वी हो जाते हैं

मुझ में भी बजता है राग
गूँजती है लय, सधते हैं स्वर

कोई होगा ज़रूर
जो शब्द देगा और मेरे साथ गाएगा।

एकान्त स्त्री-प्रदेश में

एक औरत के साथ मैं सपने देखता हूँ
मेरे साथ जागना चाहती है एक तीसरी औरत
एक और है जो अपने अनाम पत्रों में
मुझे जन्म देने की इच्छा व्यक्त करती है

दूसरी औरत से कहता हूँ कि तुमने ही बचाया है मुझे
उसे विश्वास नहीं होता
मेरे बार-बार कहने पर वह मान जाती है
और जाते हुए कहती है यह सबको मत बताओ
हम दोनों मार दिये जाएँगे

मुझे एक और याद आती है
जो तपती दोपहरी में छत थी
सर्दियों में गरम कपड़े
उसने सिखाया था भूख का अर्थ

मैं उसके पास जाता हूँ
और कहता हूँ मुझे फिर से डरावने
सपने आ रहे हैं
आँख खुलती है तो दिखते हैं डरावने रंग
क्या तुम इसीलिए मुझे इस
जलते हुए भूखंड में लायी हो?

वह हँसती है उसकी हँसी में राग है न द्वेष
उस शान्त हँसी में कुछ छूटते जाने की गूँज है
मुझे पता है वह अपनी भाषा में नहीं
नहीं बताएगी मेरी समस्या का हल

हम दोनों अपनी-अपनी जगह विवश हैं
अपने प्रश्न से घिरे हुए
मुझे एकान्त स्त्री-प्रदेश में
सपने की नहीं साक्षात् दृश्य की प्रतीक्षा है

इतने दिन हो गये हैं कि उनींदे में भी मुझे
स्वप्न दिखने लगे हैं।

जीवन में जगह

जब आदमी अकेला था
अकेलेपन के निर्वासन में औरत को उसने
सहवास के लिए तैयार किया
गुफा के बाहर वह सूरज के साथ प्रगट हुआ
अब दिन डूबने का भय
उत्सव था उसकी अरण्य स्मृतियों में

वह पानी से जल सकता था
तैर सकता था आग में
आकाश को पृथ्वी पर उतारना उसका खेल था
वह सीख गया था हवा को पीना

यह आदमी के अपने नज़दीक आने का अनुभव था
वह औरत के साथ नहीं होता
तो ख़ुद से डर कर भाग जाता हमेशा के लिए

नष्ट होने को है
प्रेम करने वाली मनुष्य की जाति
जिन औरतों की स्मृतियों में वह बची रहेगी
उन्हें जीवन में जगह दो

इस संग्रहालय में
समय का द्वार कभी बन्द नहीं होता।

एक विदागीत की अधूरी पंक्तियाँ

चिड़िया तो तू मेरी ही ठहरी
मेरी आँखों में ही था
तेरा पहला घोंसला

मैंने ही सिखाया था
निडर उड़ना

लौटते कैसे हैं
बस यह सिखाना भूल गया...।

तेरी तरह हठी मेरी मिट्टी

मेरे शरीर से
तेरी गन्ध नहीं छूट रही है

तूने कहा था
तू पानी है
रूप नहीं तेरा कोई
फिर मेरी शक़्ल
तुझमें क्यों ढल रही है

मेरे सीने में क्यों चल रही है
तेरी साँस
तूने कहा था तू जीवित है
ऐसे कि नहीं हो जैसे

मैं बिलकुल मर चुका हूँ
पर अपनी मिट्टी से छूट
नहीं पा रहा हूँ

तेरी ही तरह
हठी है मेरी मिट्टी।

वह खोलती है दरवाज़ा

अपने पुण्यों की खिड़की बन्द करती हुई
वह खोलती है मेरे लिए दरवाज़ा
सात साल पुरानी हँसी उसके उत्साह को प्राचीन बनाती है

वह कहती है उसके हाथ में लकीरें हैं इतनी घनी
उसे नहीं पता कि दुर्भाग्य जिनके हिस्से होता है
उसके हाथ में होती हैं ज़्यादा रेखाएँ

मुझसे बिसराया नहीं गया है प्रेम
जो मेरा घर हो सकता था
वह मेरी रेखाओं में होगा भूकम्प से ध्वस्त
या लावे में धँसता हुआ...

उसकी इतनी सहज कल्पना से भय उपजता है
जब उसे जुड़ने को कहता हूँ
वह ख़ुद से भी
दूर चली जाती है
जैसे उसकी देह से आत्मा

अपने मकान में वह सजाती है सुखी घर की तस्वीरें
और उसके बारे में सोचकर अपने आप हँसती है

ईश्वर ने मुझे पैर से दिमाग़ तक सुन्दर रचा है
वह एक प्यार छीनकर दूसरा भेज देता है मेरे लिए

मैं शर्मिन्दा नहीं हूँ कि माफ़ी माँगू
जीवन को ऐसे जीने के लिए

सुनती हूँ वही आवाज़ जो उठती है मेरे भीतर से
रोते-रोते हँसने लगती हूँ!

मुझे पाने के लिए

यह मेरे लापता हो जाने का डर है
इसे पाने की उम्मीद की तरह समझें
जिसको मुझे ढूँढ़ना है वही हाथ उठाए
जो गुमने से भयभीत न हो
कि वापस लौटने पर ख़ाली हाथ मार नहीं पड़े

मुझे आख़िरी बार उस आयोजन में देखा गया
जिसमें उत्सव नहीं तमाशा हुआ
खेद है मैं भी उनमें था जो बोल रहे थे विश्वास से
जाने बग़ैर कि जो वे चीख़ रहे हैं अर्थ क्या है उसका!

तालियाँ बजाने के लिए मैंने हाथ उठाये
कि हाथ ग़ायब
भागने के लिए पैर सुन्न
मैं सोच कहाँ से रहा हूँ सोचा तो दिमाग़ बन्द

मैंने उसका धुँधला-सा चेहरा देखा जो मेरे सिर को
एहतियात से लेकर भागा कि उसमें अपनी सिगरेट की राख झाड़ेगा
एक स्त्री का रोना सुना मैंने
जो मेरे ख़ून सने कपड़े पहचान कर हँसती हुई अचानक रोने लगी

उस आदमी की आवाज़ हर कोई दबाने को तैयार था
जो चिल्ला रहा था कि मुझे चुरा लिया गया है
और मैं जीवित हूँ

जिनकी शक़्ल मुझसे मिलती थी
और इतने दिन साथ रहते हुए आदतें भी
दबी आवाज़ में कह रहे थे कि
जीने की इच्छा मुझमें मर चुकी थी
सिर्फ़ दिन गिनने का संकट था
वे तो मुझे कब का मरा हुआ घोषित कर चुके थे

वे लोग बड़े चिन्तित थे, चिन्ता करना जिनका पेशा था
मुझे दिये विशेषणों को किसी और को देने के लिए
वाक़ई परेशान थे किसी और को ढूँढ़ते हुए

कोई और भी था मेरी ढूँढ़ में
जो इतनी बुरी तरह चुप था कि कभी भी फट सकती थी
उसकी बेचैनी
उसके सुनसान में कोई आवाज़ थी न कोई गूँज
सिर्फ़ समय के भागने का शोर था
और वह ठहरा हुआ था अपने भीतर

मेरे हिस्से का कौन खाएगा कौन पहनेगा मेरे कपड़े
कौन करेगा मेरी जगह काम
इन बेकार के सवालों से परे वह जानता था कि
जो बचा रहेगा वह मैं नहीं रहूँगा

मुझे ढूँढ़ते हुए वह भी गुम है
मुझे पाने के लिए उसे ढूँढ़ना ज़रूरी है
उसके बिना जो मिलेगा वह मैं नहीं होऊँगा।

सुलग रहे थे कई कोने

उस कमरे के कई कोने सुलग रहे थे
तबाह लोगों का डेरा था

मुझे जलने से कौन बचाएगा— मैं चीख़ा
तो वहाँ हँसी फैल गयी
क्या मुझे राख हो जाना था

खाल चमकने लगी
नीली नसें फटकर आना चाहती थीं बाहर

कामनाओं का क्या करूँ

दीवार घड़ी के दो काँटे
दोनों हाथों की तरह फैल गये

हरी पत्तियों जैसे छू गये उसके हाथ
सारी छवियाँ आपस में मिल गयीं
सपने आँखों में तैर रहे थे या नींद में
तैर रही थीं इच्छाएँ

मेरे पैरों के निशान बारिश धो देगी
समय सोख लेगा मेरी गन्ध

इतिहास में बेजान मांस के लोथड़े की तरह मुझे मत टाँगना
रहने देना मुझे आँखों में वहाँ मैं दृश्य बनकर रहूँगा
अपनी भाषा में जगह देना मुझे
किसी शब्द में ढलकर तुम्हारे नाम के साथ रहना
मुझे कबूल है
मैं नहीं हूँ महँगे पत्थरों पर खुदा शोक सन्देश

खुश्बू हूँ मैं
अपनी पीठ पर खुनक जैसी महसूस करो

जंगल की इस आग में जल जाना है हम दोनों को।

टूटकर बिखरकर

टूटकर बिखरती बारिश ने मुझे ज़रा-सा छोड़ ही दिया
जैसे वासनाएँ छोड़ देती हैं
कुछ-कुछ भीगा सुलगता हुआ मैं उस तक पहुँचा
जब मैंने अपने आने की कथा कही
वह चुप रही

और यह पहली बार नहीं था
और हमेशा यही हुआ
और मुझे फिर लगा
मेरे मुँह से आवाज़ नहीं ध्वनियाँ निकल रही हैं
जिन्हें मेरे सिवाय कोई नहीं समझ पाएगा

सुख मैंने भी चाहा था
देह से आगे था उनका पसार
आनन्द जो आत्मा को खोल दे पा जाए मन की ख़ुशी

उस घर की दीवारें भरी पड़ी थीं
दूसरी दुनिया वालों की रंग-रेखाओं से
काँच में बन्द खिलौने
उदासी को गहरा देते हैं अकेले घरों में
यह भी पता चला वहाँ हमेशा रहती है रात
मेरे जैसा ही कोई आये तो आये

बाहर वालों को क्या पता
ऐसी बन्द जगहों पर अन्दर से खुले रहते हैं दरवाज़े

सड़क पर तीखे अँधेरे के बीच
मरती हुई रोशनी में लोग आ-जा रहे थे
उनके पैरों से बूँद-बूँद उछलता था पानी
हरेक चुराना चाहता था जीवन बचाने की अदृश्य किताब
जानता नहीं था कोई ख़ुद ही लिखनी होती है अपनी इबारत
मनुष्य फिर छूट जाता है शाख़ पर ही हरे फूल जैसा
जैसे छूट जाती हैं इच्छाएँ।

प्रेम में आकाश

जब हम नहीं करते थे प्रेम
तब कुछ नहीं था हमारे पास

फटी हथेलियों
और थके पैरों से
हल लगाते थे हम
कोहरे में घाम को देते थे
आवाज़

हम देखते थे आकाश
घाटी से चलकर
हमारे घर तक आने वाली
पगडंडी था वह

आकाश में हम सुनते रहते
हवा की गूँज
जो हमारी साँस थी दरअसल

आकाश को ज़रा-सा उठाकर
हम अपने
मवेशियों को देते थे आवाज़

उसकी आँखों में
हम देखते थे अपनी दुनिया
पहाड़ों को काटकर बने घर
जो हमारे थे

हम जो रहते थे एक गाँव में
प्रेम करते हुए।

बारिश में घास पर सेब खाती लड़की

मैंने देखा
बारिश में भीगते
सेब खाते तुम्हें

घास शिकायत कर रही थी
बारिश से शोर की
सेब की पुकार अनसुना करती
तुम डूबी हुई थीं ख़ुद में

जाने क्या याद आया
कि रुक गये सेब पर गड़े
तुम्हारे दाँत
छूटे हुए घर की
अचानक गिर पड़ी कोई दीवार
या किताबों के पीछे लिखा
एक नाम सरसराया
जाने तुम्हें क्या याद आया

मर चुकी यादों की किताब में
मैं लिखने ही वाला था
तुम्हारा नाम
पर जीवित हो गयीं
सेब को दबोचे तुम्हारी उँगलियाँ

जैसे कि लौटते हैं हम सब
अपने पीछे
सामने का पहाड़ गिराने की
हिम्मत जुटाने
तुम आ गयीं लौटकर

सेब का लाल रंग
बहने लगा तुम्हारे ख़ून में
खाल बन गया पीला रंग
और हरा मिल गया
सपनों में

तुम्हारी आत्मा में
मिठास का झरना गिर रहा था
घास पर गिर रही थी बारिश

मैंने अच्छी तरह देखा
तुम भींगने से बच नहीं रही थीं।

ठिकाना

पृथ्वी अपनी
वनस्पतियों में ढँकी रहती है
मैं उसकी देह को
ढँकने की कोशिश में
कम पड़ जाता हूँ

मेरे ईश्वर!
इस खेल में
अगर मैं जीतता नहीं
तो हार किससे जाता हूँ

इस अनादि माया में
मेरा आरम्भ कहाँ

मुझे इतना पता है कि
कहीं तो है मेरा ठिकाना।

भोर पृथ्वी को देती है ओस

भोर पृथ्वी को देती है ओस
जल मिट्टी को गन्ध
तुम मुझे जीवन

हवा दिशाओं को खोलती है
सागर किनारों को
तुम मुझे

आकाश पृथ्वी पर सोता है
अग्नि काठ पर
तुम मुझ पर...।

उस पार

कितने शोख़ हैं
बुराँस के फूल
पहाड़ कितने दुर्गम

कुछ और याद आ रहा है
तुम्हारे स्पर्शों के परे।

छुपकर

छुप-छुपकर देखती है मुझे
मुझसे डरने लगेगी
तब मैं निकलूँगा उससे
छुपकर।

ऊँचाई

उसने बनाया आकाश
उसके लिए

वह भूल गयी नीचे देखना।

कई बार अकेले में

वह अख़बार नहीं पढ़ रही
मुझे पढ़ना चाहती है
दिमाग़ मेरा बन्द नहीं करता सोचना उसके बारे में
आँखें बन्द किये मैं कहीं से कहीं निकल जाता हूँ

सूरज साफ़-सुथरा होकर
जनवरी की आख़िरी धूप मुझ पर फेंक रहा है
धूप के गलियारे में मैं कुछ पढ़ रहा हूँ
यही शब्द मैंने पहले भी पढ़े हैं
कभी पहले भी धूप ने नहलाया है मुझे
दुखों के लिए हलका होकर मैं निकल पड़ा हूँ
कहीं से कहीं

सोचता हूँ यह निकलना पहुँचना है कहीं या भटकना
वह शायद कुछ नहीं सोचती
लगता है दो लोग बहुत नहीं होते
दो लोग अकेले भी होते हैं कभी-कभी
बहुत अकेलेपन से सहमकर वह कुछ कहती है
सुनकर मैं कुछ नहीं कहता
मेरे चुप रहने पर वह सिर्फ़ धूप को देखती है

वहाँ नमी है, छटपटा रहे हैं शब्द अपनी उमस से
हमारे स्वगत कुछ नहीं कहते

कथन विलाप में बदलकर
कमज़ोर कर देते हैं हमारी आवाज़ों को

उसके कन्धों पर पड़ती धूप जाना चाहती है कहीं
मेरे कन्धों की परछाई खो जाएगी कुछ देर में
चुप्पी से हम बोझिल हैं
यह चुप रहना कर रहा है हमें एक-दूसरे के नज़दीक
और इतनी दूरियाँ हैं हमारे बीच कि हम जो कर रहे हैं
उनके अर्थ बहुत अलग हैं
दिमाग़ में धूल उड़ रही है
धूल कहीं नहीं पहुँचती, वह गिर रही है

हम एक-दूसरे को इस परदे के पार देखते हैं
यह देखना है या देखकर न देखना!

सृष्टि का पंखा

प्रेम की आवाज़
पंखे की हवा है
उसे बाँधे कौन?
आकाश पर भी होना चाहिए पंखा
वह धरती से कितनी दूर है!

मिट्टी में उगने चाहिए मिट्टी के तारे
तारों की मिट्टी अन्तरिक्ष पर बढ़ाती है
बोझ
दिशाएँ कब तक थामेंगी
पहाड़ों को टकराने से
आग तो सागर में भी है

डरे हुए बच्चे का रोना है
सागर की आवाज़
जिसके खिलौने मर गये हैं
फेंक दिये गये हैं बाहर
बाहर रेत का उजाड़ है

रेत की आवाज़
प्रेम के पैरों की दूर जाने की आवाज़ है

सृष्टि का पंखा चले
तो दम घुटने से बचे।

नदी की ढूँढ़

मुझे नदी की ज़रूरत थी
और अब वह कहीं दिख नहीं रही थी
जबकि मैं कैसे भूल सकता हूँ मैंने यहीं
यहीं विसर्जित की थी थकान पिछली बार

दोस्त भी बेतरह जल रहे थे
उनकी आँखों में न नदी थी न उसकी ढूँढ़
वहाँ सिर्फ़ सन्ताप थे
वह उनका आचमन कर रहे थे

उन्हें ऐसे छोड़ना अपराध था
लेकिन किसी को तो ढूँढ़ने ही थे नदी के पाँव
किसी को बाँधना ही था जल
किसी को भूल ही जाना था
कि उसके पैरों की आग जला भी सकती है उसे तमाम

दिक्कत यह भी थी कि सब सहमत नहीं थे
नदी होती है और उसकी ज़रूरत भी

कोई कहता था नदी सबकी व्यक्तिगत होती है
मानता था कोई नदी कुछ नहीं होती
सिर्फ़ ठंडी पड़ चुकी राख होती है
कोई पूछता था— मुझे बताओ तो सही कैसी होती है नदी

यह स्पष्ट करते हुए कि हम सबको नदी की ज़रूरत है
हम झुलस गये
और जब हम नदी तक पहुँचे
वहाँ रेत पर उसके निशान थे
जैसे अभी-अभी सूखी हो वह अपने धैर्य को परखते।

उपाय

(मृणालिनी मुखर्जी की रचना 'पृथ्वी' देखकर)

नीले रंग की छिपकली है
यह पृथ्वी
इसे स्वेटर की तरह बुना गया है

अनेक डरों से बुनी
इस पृथ्वी में
मैं और अखरोट के रंग वाली
लड़की जीवित हैं

अपने अकेले में
वह चुप रहती है
और मुझे देखकर डरती है

हम दोनों किसी और का
भय मानते हैं
और दोनों ही उसे जानते हैं

उसके पास डर से बचने का उपाय है
उसकी हथेलियाँ
जिन्हें वह रख लेती है आँखों पर
और भूल जाती है
डराने वाले का चेहरा

मेरे पास ऐसा कुछ नहीं
जो मेरे डर को मिटा सके...

आँख की तरह दिल

(कांगड़ा कलम का एक चित्र देखकर)

उसने आँख की जगह
निकालकर रख दिया दिल
रुकी हुई दुनिया चलने लगी

वे यादें थीं
गाढ़े ख़ून-सी बूँद-बूँद टपकती
उसके सीने को ढँकते
नदी थे उसके बाल
जिसमें नहा रही थीं
बत्तख-सी उँगलियाँ

हाथों में था एक फूल दहकता
जिससे कपटी मौसम में वह
अपनी इच्छाओं को कह रही थी

दुनिया झुकी हुई थी
उसके सामने हाथ फैलाये

वह धर ही देती
उसके हाथ पर अपनी आँखें
जो दिल की तरह उछल रही थीं
हर डर पर...।

भूला हुआ शब्द

चुप्पी के हाहाकार से सहमकर
मैंने भूला हुआ
एक शब्द उठाया— 'तारा'
और उसके नाम के आगे जोड़ दिया

वह झिझकी नहीं
उसे बुरा भी नहीं लगा

उसने वह शब्द उठाया
और अपने माथे पर सजा दिया

हम नफ़रत को भूल गये
शब्दों से बाहर
हम और पास आये

मैंने उसके माथे से
वह शब्द उठाया
और आकाश पर
रख दिया...।

थोड़ा-सा वक़्त

हम डूबते चले गये

नदी नहीं थी
हमें पतवार की ज़रूरत पड़ी
हमारे पंख नहीं थे
और हम उड़ रहे थे

दैनिक संकोचों को भूलकर
हमने एक-दूसरे को
घर के नामों से पुकारा
हमारे शरीर से टूटकर
अलग हुआ चाँद
हमने उसे शब्दों में नहीं मरने दिया
आँखों में उगे सूरज की पतंग उड़ाई

हम पानी की तरह बहे
नमक जैसे घुलते रहे
कुछ मामूली उम्मीदों के बारे में सोचा
पराजयों को याद किया
अपनी मूर्खताएँ बताकर
हलके हो गये हम

हमने घड़ी नहीं देखी
किसी से समय नहीं पूछा

हमने थोड़ा-सा वक़्त चुराया
और आपस में बाँट लिया।

आवाज़ें जीवित रहती हैं

आवाज़ें जीवित रहती हैं

दो ही तरह की होती हैं वे
हाँ या नहीं से शुरू
या ख़त्म होती हुई

हम नहीं होते एक जैसे
आवाज़ों के भी होते हैं
अलग-अलग रूप

मुकरना नहीं झूठ नहीं कहना
नहीं तो ले आऊँगा
तुम्हारी वह आवाज़
जिसमें तुमने कहा था ऐसे कि
तुम ही सुन सकते

वह समय आने दो कि मैं जा सकूँ
अपनी कक्षा से भटके नक्षत्र के घर
या ज़्यादा-से-ज़्यादा
दग्ध सूर्य के प्रदेश में

वहीं होगी
ठीक वैसी ही तुम्हारी बात
जो तुमने कही थी उस दिन।

अमरत्व

जब समुद्र लहरों में लौटता है
शंख अपने अन्दर पारावार रचते हैं
बहुत हाहाकार के बाद प्रेम
चुप लगा जाता है
मन शान्त रहता है कुछ देर

फिर ऐसा कोलाहल मचता है कि
जीवन की सहज इच्छा
घोंघे की तरह
अपने खोल में दुबक जाती है

वहाँ भी क्या बचता है?

हम लौटते हैं
अपने पुराने घर की याद में
और बचपन के कपड़े छूकर
अचरज से भर जाते हैं

ज्वार उठता है तो कहते हैं
समुद्र अपनी लहरें नहीं तोड़ता
अपने सीने को आज़माता है
कि वक़्त पड़ा तो
कितना सह सकता है वह

नियम है कि हर चीज़ टूटती है
घर प्रेम आदमी
फिर क्या है कि हम
बार-बार जुड़ते हैं
क्या अमरता हमारे ही
नाम लिखी है ?

आत्मा की दीवार पर

वह लगाती है जैतून का तेल चीन से आया हुआ
एड़ियों पर हांगकांग का मोम
वह जनपथ से लेती है कपड़े

कमरे में तो केवल उसका एकान्त
लिपटा रहता है उसके शरीर से
मुँह धोने में उसे आलस आता है
बिस्तर पर ही चाय पीते हुए
वह रोने लगती है— गगन-मंडप में सेज पिया की

उसकी मेज़ पर ख़ूबसूरत डिब्बे में रहते हैं
प्रेमियों के पते छपे कार्ड
यह दूसरा सच है कि वह मानती है
प्रेम सिर्फ़ पहली बार होता है
उसके बाद ख़ुद को सज़ा और अन्त में
धीरे-धीरे समय की गुफा में धँसना

प्रेमहारी वह बाहर जाती है तो थकी होती है
लौटने पर बिखरने को सिमटी हुई
तब ग़ुस्सा उसकी बिल्ली का नाम होता है
जो कल से मेरे पीछे पड़ा है

कमीज़ पर लिपटी उसकी गन्ध छूट जाएगी
एक बार धोने पर
शरीर से छुड़ा लूँगा उसके बैंगनी होठ नहाऊँगा जब
आत्मा की दीवार पर ज़रूर वह चिपटी रहेगी
नयी खाल पहनने तक...।

उसी दिन

एक दिन वह पगला जाएगी
मर भी नहीं सकेगी
सपनों में ही जन्म लेंगे उसके बच्चे
गोरे-चिट्टे, लाल बालों वाले

सपने में ही वह उन्हें करेगी बड़ा

टूटेगा सपना
ख़ुद को पाकर अकेली
ख़ूब रोएगी

एक दिन वह जन्म लेगी
और चाहेगी कि मर जाए
उसी दिन।

आना

देखो, उसे जो तुम्हें देखने के लिए रुका है
लौटो, उस घर के लिए जिसके दरवाज़े खोलने हैं तुम्हें

चप्पलें पहनकर निकल चलो जहाँ सड़कों पर
काँच हैं टूटे हुए पत्थर नुकीले
सहो अपनी छाती पर

धूप में सुखाता हूँ अपने ज़ख़्मों को
सोचता हूँ कैसे बचेंगी कमज़ोर हड्डियाँ
जीते जी फॉसिल होने से
कोई नदी नहीं है इनमें बहने के लिए
समय ऐसा आँखों के लिए कि सिर्फ़ धुआँ

खोल पहने हुए आदमी को मैंने अपना पता दिया
और मैं लापता हो गया
सारे छल मुझे ही झेलने थे
पानी के लिए हाथ बढ़ाया वहाँ ख़ून था
ख़ून की तरह बहने पर मर गयी प्यास

हर जगह मैं किसी के लिए रुक जाता हूँ
आज अपने लिए रुका तो देर हो गयी

देखो! मैं देखता हूँ तुम्हें
लौटो, मेरे लिए।

धूप की तरह याद

बारिश ने पोंछकर
साफ़ कर दिया
धूप को

वह काँच-सी चमकने लगी

आँखों में रख लो
इस नवम्बर की दोपहर को
इसमें स्कूल से भागने का रोमांच है

देखो कोई हमें
देख तो नहीं रहा कि
हम ख़ुद को देख रहे हैं
अपनी आँख से

कल चाहो तो भुला देना
वह जो मैंने तुमसे कहा था कि
हममें हो रही है
भोर

मैं सदा के लिए याद रह जाऊँगा
इस धूप की तरह...।

जो डरा रहा था

उसकी कमर पर
वह अपने होठों की तितली
चिपकाना चाहता था
दुख हुआ कि कभी जो तितली से ज़्यादा सुन्दर थे
अब ठीक से होठ भी नहीं थे

वह प्यार था
या उसका न होना
जो उन्हें डरा रहा था।

मिलने पर

मिटाया तो और उभर गया
जलाया तो पी गया आग को

पहले तो ऐसा नहीं था

मैं उससे मिला तो
अपने बारे में पता चला।

बहुत कम जानते हैं

बहुत कम जानते हैं
उसे ठीक से कहना
जिसे हटाओ तो वह और पास जाता है
ललकता है साथ जीने के लिए

कोई निश्चित जगह नहीं होती
समय नहीं होता पहले से निर्धारित
अनायास घट गया वर्तमान
आदमी के दिमाग़ से छिटककर रीढ़ पर रेंगने लगता है
आदमी अंकुर की तरह फूटना चाहता है बीज की तरह पेड़ होना

अपरूप चेहरों के आतंक
और अधूरी यात्राओं की भटकन को भूल जाता है वह
जानते हुए कि लौटना इससे कम तकलीफ़देह है
सब कुछ छोड़कर ख़ुद को सम्पूर्ण पाना चाहता है

बहुत कुछ गँवाकर थोड़ा-सा सार्थक पाने की
अपरिमित ख़ुशी को जीते हुए वह कहता है
ऐसे टूटो समय कि हम टूटने से बच सकें
बिखरे हुए युग में हम काल की संचित सन्तान हैं

हमारे पैरों के लिए अपरिचित न रहो दिशाओ
लोगो हमें गिद्ध की आँख से न टटोलो

स्वीकार करो हमारे साहस को

हाथ आकाश की ओर उछालकर वह चीख़ता है
विश्व का संविधान आदमी को
युद्ध के लिए तैयार कर रहा है

मैं इसके उलट कुछ सोच रहा हूँ
और उसे भरपूर जीना चाहता हूँ।

उस कथा में कहीं विराम नहीं था

उस कथा में कहीं विराम नहीं था
एक लड़की थी वहाँ जो भूखी थी
और अपने हिस्से की रोटी खिलाकर वह प्रेम से पेट भर रही थी

अपनी देह की सिहरन किसी के स्पर्श के लिए सुरक्षित रखे हुए
वह साँस भी मुश्किल से ले रही थी

आदमी का ठिकाना क्या कोई
इस अप्रस्तुत सच में वह एक निश्चित घर थी
उसकी आत्मा तक पहुँचने के सात द्वार थे
सिंहद्वार पर खड़ी वह विकल थी पिछले हज़ार वर्षों से

हर बार वह लौटता था शोक में डूबा हुआ
या अपने हृदय में तीर की तरह धँसा शान्त
हर आहट पर चौंकने वाली वह उनींदी हो चली थी

इसके बाद कथा व्यक्तिगत हो जाती है
एक मनुष्य का हाहाकार और प्रारम्भ में ही छटपटाकर
गिरने का व्यापार कथा को भावुक बनाता है

और जो भी इसे सुन रहे हैं जानते हैं कि
आदिम जातियाँ अरण्य में शरणागत हो गयी हैं
वैसे ही प्रेम को खदेड़ दिया गया है नगर से बाहर

सामाजिकों की पोथियों में अब नहीं है वह पाठ
जिसमें रक्त से लथपथ मनुष्य के अडिग धैर्य को सच कहा गया है

कुछ बावले हैं जो चीख़कर कहते हैं कि लड़की तुम दुर्लभ हो
और कल्पना की तरह भयाक्रान्त

कथा में इसका उल्लेख नहीं है
लगता है ठीक से शुरू नहीं हुई वह कथा।

घृणा भरा यह समय

मैं अपने प्रेम में समय की घृणा परखता हूँ
वह प्रेम के आगे नहीं ठहरती
तब भी वह हर बार दीख पड़ती है
जैसे आख़िरी रेल के निकल जाने पर भी
वहाँ मिल ही जाते हैं उससे भी देर में पहुँचने वाले लोग

मुझे कुछ समझदारों ने सिखाया था कि प्रेम यातना है
और उसमें जो चेहरे चमकते दिखते हैं
वह तीखी आँच में झुलसने से पहले की कौंध है

मैं उनसे कम जानता हूँ
मेरे साथ होता भी इसके उलट है
मेरे कन्धे मेरे साथ होते हैं
थके पैरों की नसें फिर से साँस लेने लगती हैं
मैं हर बार पहले से ज़्यादा लौटता हूँ अपने पास

और वे पहले से ज़्यादा बुरी तरह बदल जाते हैं

वे प्रेम से घृणा करते हैं
चाहते हैं प्रेम उनकी तरह ही हिंसा करे
वे प्रेम की शक़्ल अपनी तरह बदलना चाहते हैं

प्रेम वह जीवन है मेरे लिए
जिसकी नकल पर मैंने ख़ुद को बनाया है।

उससे मेरा प्रेम सिर्फ़ सालभर पुराना है

मेरे पुराने प्रेम का ज़िक्र करने पर
अपनी सहेलियों से लड़नेवाली वह पूछती है
क्या लेकर आऊँ तुम्हारे लिए
उससे मेरा प्रेम सिर्फ़ साल भर पुराना है
हमने जल्दी से अपने बारे में फ़ैसले किये
दोस्त कहते हैं यह इसलिए कि
हम एक-दूसरे से ऊब गये

दोस्तों को पता नहीं कि देर करने पर
किसी के साथ सीढ़ियों पर बैठकर उदास होना
अकाल व्यर्थ हो जाता है
मैं उससे कहता हूँ तो वह डरती है कि
मुझे यह सब कैसे पता है

मैं उसे अकेला बैठा मिलूँ सोचती हुई वह आती है
और मुझे स्तब्ध करती हुई रोने लगती है
किसी ने कुछ कहा है क्या पूछने पर 'नहीं ऐसे ही...'

दोनों सोचते थे हम, अब सब ठीक है
रोज़ लड़कर जिन्दा रहने के दिन गये
हम कैसे जानते कि ऐसी कई जगहें हैं
जो हमें निराश और अकेला करती हैं
जहाँ जाना और जाकर लौटना लड़ाई है एक

वह जब भी आती है मैं पाता हूँ कि
सिर्फ़ नाम बदल गये हैं, पहरे अब भी हैं सख़्त
तरीके नये हैं लगभग अदृश्य
बिना किये अपराध तब भी मिलती है सज़ा
हम जेल में बन्द हैं और जो हमारे सगे हैं
हम पर नज़र रखे हुए हैं
हम जानते हैं कौन हैं वे जो हमारी आवाज़ को बीच में पकड़कर
उसके मनमाने अर्थ करते हैं

इस क़ैद ने हमारे नवजात प्रेम को प्राचीन बना दिया है

कल आने का बोलकर वह आज कहती है परसों मिलेंगे
कल मैं उठते ही सोचूँगा कि आने वाले कल
हमें कितनों से लड़ना होगा...।

घर में जगह

जैसा कि सब भूल जाते हैं
मैं भी भूल ही गया कि
उफनती हुई नदी की नाव में
पाया गया था मैं

उजड़कर बसने वाले दिन की धूप में
मिला था दुख का रंग
वह घुलकर मेरी शिराओं में बहने लगा
तो मेरे बच जाने पर कर लिया गया विश्वास

किसी दूसरे कोने में
मेरे लिए बड़ा हो रहा था प्रेम
उसका बचपन अकेला था
एक दिन बहता हुआ आया
और हमें मिला गया

साथ-साथ प्रकट होने लगे हमारे शोक
ईश्वर ऐसे ही दिखता होगा अपनी माया में

दुनिया को सच से डराकर
उसने नदी के साथ किनारे पहले बनाये
नाव बहुत बाद में मनुष्य ने बनायी

मैं भूल ही गया कि सबसे बाद में आया
और बहने लगा कि डूबने लगा
प्रेम की पतवार थामे

पिघलती हुई सड़कों पर जब चिपककर
जलने लगे मेरे पैर
याद आया कि प्रेम का रास्ता
घर में खुलता है

वहीं नहीं है प्रेम के लिए जगह।

कि

आग का पारावार है शरीर
उफन रही हैं इच्छाएँ

रेत से बना है सूरज
उसे देख भर लेता हूँ कि
वह भुरभुराकर बह जाता है

जब भी बिछड़ते हैं
शोर मचता है कि
फिर कब मिलना होगा
इसमें भी कैसा मज़ा कि
कभी नहीं मिलते
हम हमेशा के लिए

एक स्थायी निवासी हूँ
लापता सृष्टि में
यह और बात है कि
रोज़ बदलता है मेरा पता

उस मकान में
अब भी हो तुम
तुम्हारे नाम का काग़ज़
सपनीली धुन में बजता है

कि कोई एक घर
नहीं होता किसी का
हम कई बार आते हैं।

सायनारा

मैं चला तो आया तेरे शहर से
पता है कि तिड़कने लगेंगी नसें पहुँचूँगा जब कष्टों की राह

सारी राह बारिश है
जाने कब के बादल बरस रहे हैं
वहाँ उस बड़े पुल पर कुछ लोग होंगे
पानी पर खड़ा रेत का घर होगा संसार

आते हुए गाड़ी के पहिए से लिपटे रहे रास्ते
खिड़की से सरककर होती रही रात
देर तक रोती रही रातरानी
सुबह बिजली के तारों में अटका मिलेगा सूरज

चुप ठिठुर रही थीं उस मकान की ओस नहायी दीवारें
दरवाज़ों के काँच आत्मा सरीखे साफ़ थे
जाने क्या हो गया था चाँदनी को
वहाँ आने से डरती रही

स्मृति थी तू या रेत की बारिश गिरती रही
दोपहर की पत्थर आँखों ने मुझे देखा
पेड़ों के पीछे से उभरते हुए

शहर ऐसे ही बसे ऐसे ही बने सपने
ईश्वर जब मेरे हाथ धो रहा था तू कहाँ थी

ख़ुश्बू को पी रहा था ज़हर की तरह
धरती का सारा नमक सागर में घुल गया

मैं चला तो आया तेरे शहर से।

तुमने मेरी ज़िन्दगी को क्या कर दिया

रंगीन शीशों से बने उस बड़े अकेले घर में गया

मेरी गर्दन पर पंजों के निशान थे
हाथों के हरे घाव जाने कब सूखेंगे
शिकंजे से छूटने को छटपटा रही थी आवाज़
मैंने कहा पानी दो मुझे ढेर सारा : उसके शरीर में नमक ख़ूब था
राख थी वहाँ
अपने सीने से मैंने उसे आकार दिया

तुम शुरू से ऐसे ही हो— सुनकर मैं हँसा
उसके मन के पास जाकर मैंने कहा
कई जनमों से मेरी मिट्‌टी बिखर रही है
मेरा ख़ून जाने कहाँ शक़्ल लेगा

तुमने मेरी ज़िन्दगी को क्या दिया

होठ सूख चले थे उसके
ऊँचे कन्धों वाली वह कमज़ोर-सी रोशनी को पी रही थी
बार-बार चमकती थीं उसकी आँखें
विकल होकर वह चुप रही
जैसे नदी उफनती हो
लहरें टूट गयीं

उस खेल में हमने कई बार अपनी हार को रखा
कभी रोने को
कभी चुप रहकर भी ख़ूब कही ख़ूब सुनी

चाँद हमेशा की तरह साथ था
मैंने उससे कोई बात नहीं की
पत्थरों को देखा
वह पत्तियों की तरह मुलायम लगे
हवा पागल किये दे रही थी
पेड़ों का अचानक शोर बड़ा अच्छा लगा

भीतर का घिरता हुआ-सा तूफ़ान बाहर फैल गया

अपनी तक़दीर से मुझे कोई शिक़ायत नहीं है
सोचकर मैं और भी चुप हो गया

बादलों की ओट होते चाँद ने कहा— तुम बदलोगे नहीं
अच्छा फिर किसी सुलगती हुई आवारगी की रात मिलेंगे
जब हम दोनों को जल्दी नहीं होगी घर जाने की
एक-दूसरे को बताएँगे भीगी चाँदनी का पता
और यूँ ही हँसते रहेंगे : दो पागल।

मनुष्य हूँ जीवित

बारिश हो रही थी
कँपकँपा रही थीं आकाश की दीवारें
पत्थर की जालियों से घिरे हम उड़ने की सोच रहे थे

धरती को सहला रहे थे भीगे हुए पेड़

तुम इतने पागल क्यों हो जाते हो
जब संसार मेरी बाँहों तक है
क्यों भागना चाहते हो छूटकर
सबसे चुप लगा बैठे
तुम्हें किसी पर तो यक़ीन होगा

कपाल तप गया था : सुन्न हो गये थे पैर
उसने हथेलियों को छाते की तरह तान दिया

मुझे भीगने दो
गल जाने दो जैसे गल जाते हैं पत्ते
बिखरने दो रेत के जैसे
मुझे मेरी तरह रहने दो

मैंने नहीं लिखना इस देश का दैनिक इतिहास
मैं जीवित मनुष्य हूँ
समाज के घर अस्पताल के उदास कमरों में बदल गये हैं

मुझे धूप चाहिए और हवा
ज़िन्दगी में ज़रा-सी ख़ुशी से काम चल जाएगा
जाने क्या ढूँढ़ रहा हूँ मैं
जानते हुए इस सृष्टि में कई चीज़ें कम हैं
दिशाएँ अभी नहीं बनी हैं ठीक से
समन्दर अपनी आग में जल रहे हैं : स्तब्ध हैं वनस्पतियाँ
सारे दरवाज़े खोल दो : बन्द नहीं रहने दो खिड़कियाँ

बूँदों को क़ैद करते हैं
सावन की नमी को बचा लेंगे फागुन तक
तब मरने की सोचेंगे।

तुम्हें ऐसे यहाँ देखकर

मुझे लेकर तुममें जो गूँज रहा है मैं उसे समझता हूँ
जब तुमने पह़ली बार मेरा हाथ पकड़ा था
उससे भी पहले मैं उसका अर्थ जानता था

तुम्हें सबसे अच्छी तरह पता है कि
अपने इन्हीं पैरों से किसी के साथ ख़ूब भटका हूँ
इन्हीं हाथों ने किसी का बिंधा हुआ चेहरा थामा है
और जितना हो सका उसे अकेले नहीं छोड़ा
यह कन्धे कई बार किसी और का सिर सँभाले रहे
उँगलियाँ किसी के तपते हुए कपाल पर कई बार जलकर गिर गयीं
ऐसे ही नहीं बची है इन होठों पर रक्तिम थरथराहट

मेरे शरीर से भी बहा है वह नमक जो दो इनसानों के पसीने से बनता है
और नये इनसान की शक़्ल में जीवित रहने के लिए जूझता है
उस उम्र को मैंने भी झेला है
जिसमें दीवारें अकेले में दबोचने को आतुर रहती हैं

यह सब तुम्हें पता है और इसके अलावा भी बहुत कुछ कह सकता हूँ
लेकिन मैं तुम्हें डरा नहीं रहा
यह स्वीकार लेने में कोई दर्प नहीं है कि
तुम्हारी तरह मैं भी पराजित हुआ हूँ
लेकिन अब उदास नहीं हूँ
समझ लो कि कई दिनों तक लापता रहने के बाद
यह एक दिन अचानक ख़ुद को पा लेना है

तुम्हें ऐसे यहाँ देखकर मैं काँप नहीं रहा
बर्फ़ हो गयी स्मृतियों के आगे ठिठकना
इसे कहना चाहो तो कह सकते हो
थककर चूर-चूर होने के बाद मैं अब जुड़ने लगा हूँ
हाँफते हुए तुम्हें और नहीं दौड़ाना चाहता कि
तुम्हारे भीतर जो पृथ्वी है कहीं वह दरकने न लगे

तुम जाओ : लौटने के लिए नहीं
बसने के लिए भविष्य के उस घर में जिसके कई दरवाज़े हैं
और सब तुम्हारे लिए खुले हैं
मैं नहीं चाहता कि तुम्हें अपना अतीत छलने लगे
और इस क्षण को तुम सह न सको
जो मुझ पर बुरी तरह से बीत रहा है

जाओ कि मुझे वहाँ जाने के लिए विवश न करो
जहाँ जाने के बाद
लौटने का कोई मतलब नहीं रह जाता।

'ग'

औरत थी जो चाँद सरीखी थी
जब अँधेरा फेंककर सावधान कर रही होती थी रात
वह छा जाती थी
तब हमें डर नहीं लगता था अकेले होने पर
शायद ही हमें कभी विश्वास होगा कि
अपने एकान्त को पी जाते थे हम
और कभी-कभी बिछाकर सो लेते थे

एक-दूसरे के होठों से पोंछते थे अन्तरिक्ष की धूल
उस शब्द को बाँट लेते थे आपस में
कई तरह की ख़ुशियाँ थीं ढेर क़िस्म के डर
लौटना नहीं था हमारी दुनिया में
हम चलते ही रहते थे
कई बार मैं डूब गया तो फँसा मिला उसके जाल में

अब केवल निशान हैं ज़ख़्मों के सूखे हुए
मुँह से भाप के साथ सिसकी निकल जाती है
जब हम देखते हैं चाँद को घिरते हुए शरद के बादलों में
अपने पास से ही आवाज़ आती है कोई

वक़्त हो गया
खोल दो घोड़ों को!

लोग कहते हैं
अब भी हम सपनों में ठिठकते हैं
हँसते हुए पकड़े जाते हैं कभी-कभी।

स्मृति का चश्मा

बहुत-सी दूसरी चीज़ों के साथ
मेरे पास भूल गयी है वह चश्मा
उसे गये इतने दिन हुए
मैंने इसे छुआ तक नहीं

इस पर धूल है
पहनकर देखता हूँ तो धुँधले रंगीन कण
मेरी आँखों में नाचते हैं

धूप का यह चश्मा
धूप को कमज़ोर करता है

स्मृति का भी होना चाहिए
कोई चश्मा!

और दो नदियाँ थीं

दो नदियाँ थीं
और उनके आगे कितना अकेला था मैं
गुमी हुई चीज़ें टीसती हैं
कहाँ है मेरी एटलस
पड़ी होगी टपकती छत वाले
टूटते हुए मकान की दीमक खायी आलमारी में

दुख तब केले जैसे थे
बिना गुठली के फल
उन्हें खाकर छिलके फेंक देते थे हम
और दूसरों के फिसलने का मज़ा बाँटते थे

कहाँ होगा वह घर
कहाँ होगी वह आलमारी
कहाँ होंगी वह नदियाँ

इसमें शर्म कैसी कि मैं भावुक हूँ
और मुझे सीखना नहीं पड़ा रोना
मुझे दर्द होता है
और मैं चाहता हूँ ज़ख़्म जल्दी भरें
बेशक़ मैं जीना चाहता हूँ
और डरता हूँ ऐसे ही ज़ाया होने से

अपनी आवाज़ अब शिकायत लगती है
या घुटी हुई सिसकी
कहाँ हैं वह मीठी शहद भरी आवाज़ें
उनकी स्मृतियाँ ऐसी गूँजती हैं कि
दूर कहीं काँसे की थाली बज रही हो

सेमल के फूलों जैसे जाने कहाँ उड़ गया वह समय
पहले देर तक हमारे आसपास घिरा रहता था
कभी-कभी खाने को दौड़ता वह
दूर जाने पर क्यों अच्छा लग रहा है

बरसती हुई बूँदें हैं
सीली हुई दीवारें

और दो नदियाँ थीं।

प्रेम कविता में दरवाज़ा

उसने तय किया भूख मिट जाए
वह प्रेम की कविता लिखेगा
जिसमें प्रेम नामक शब्द कहीं नहीं होगा
अद्‌भुत प्रेम कविता होगी वह

इसके लिए नफ़रत और युद्ध
युद्ध और विनाश जैसे शब्द ज़रूरी थे

उसे बसों में भूल गये
रूमालों की बात नहीं करनी थी
उन चिट्ठियों के बारे में भी
उसने नहीं सोचा
जो पीली पड़ती जा रहीं थीं

बच्चों को वह भूल गया
मिलने आये लोगों से मिलना
उसने ज़रूरी नहीं समझा
अब तक उसे सूझ नहीं रहा था
कि शुरू कैसे करे ?

उसे दरवाज़े का ख़याल आया
यही है मुसीबतों की जड़
इसी रास्ते आते हैं कविता में ख़लल...

उसकी प्रेम कविता में दरवाज़ा बन्द था
बन्द थे झरोखे

लिख-लिखकर वह शब्दों को
फेंक रहा था बियाबान में।

अगर

तुम्हें देखकर भी दूर हूँ
यह मत समझना कि मेरे प्रेम का अन्त है यह
या तुमसे मिलने को मनाही है

जंगल कटकर सज चुके हैं बड़े घरों में
बावले हिरन कस्तूरी को नहीं
हिरनियों को ढूँढ़ रहे हैं नये जंगल के लिए
कीमती लोगों के काम आ गयी हैं उनकी खालें

तुम्हें जंगल में नहीं ले जा सका तो
तय रहा कविता में ले चलूँगा
वहाँ डरना नहीं अकेली होने पर
सपना नहीं है कविता
और उससे बाहर आ सकना नहीं है खेल कोई

मैं चुप हो गया हूँ
मुझे भला-बुरा समझाने को जुट गयी है भीड़

अगर मैंने तुम्हें भीड़ में नहीं पुकारा
तुम यह नहीं मान लेना कि मुझे डरा दिया गया है
किसी दिन मेरा नाम नहीं ले सको
यह मत समझना कि मुझे भुला दिया है तुमने

यह पृथ्वी इतनी गोल है कि
हमें मिलाएगी ज़रूर फिर कभी
हमारे न चाहने के बावजूद।

जीवकोषों से रिस रहा था समय

वह विकल थी
थका हुआ उजाला सड़कों पर बिछा था
दिल भरा हुआ था
जाने क्या सोचकर उसके साथ चल पड़ा

तुम इतने भावुक क्यों हो?
डर लगता है तुम्हें कुछ बताने से!

कितने अकेले थे सब कुछ गँवा चुके हमारे शरीर

बाहर बैठकर मैंने ओस और पूरे चाँद के अँधेरे को सुनाया क़िस्सा
यह क्या हो जाता है मुझे
हे ईश्वर! मेरा ताप ठंडा नहीं हुआ
पानी से बाँटने गया
—वहाँ हमारे कपड़े आत्मा की तरह तैर रहे थे

गगन में सेज सजाओ!
उसकी आवाज़ जैसे अनजाने अन्तरिक्ष से लौट रही थी

कभी तो ख़त्म होगी यह रात
ज़िन्दगी की वीरान सुबहों की शक़्ल कभी तो बदलेगी
कभी तो अपने मक़सद को पा जाएँगे हम

मैं अपनी कक्षा से भटका हुआ कोई नक्षत्र हूँ क्या
या पृथ्वी का टूटा हुआ पहिया
जड़ से उखड़ा अनाम पौधा हूँ
या अपना ठिकाना ढूँढ़ता अन्धा पखेरू

सिहरकर उसने कहा— कुछ मत पूछो
रोशनी को बुझाकर उसने दुनिया को अन्धकार से बना पर्दा बना दिया

हमारे जीवकोषों से रिस रहा था समय।

शुरू से ऐसी ही रही मेरी मिट्टी

नसें तिड़क रही थीं
सारा ख़ून शरीर का मुँह पर छलछला रहा था
होती हुई शाम मैंने उससे कुछ कहा

लोग थे या साये
उस धुँधलके में मेरी परछाई ने मुझे सँभाला
मैं घर से बहुत दूर जाने कहाँ चला आया
अपने बारे में मैंने फिर से सोचा
ख़ुद से डर लगा मुझे
सारी कायनात मेरे सामने थरथरा रही थी
मैं लरज़ रहा था

मेरे साथ यह क्या हो गया

इसके बाद रास्ते अलग हो गये
आँसू   चुप्पी   आहट जाते हुए क़दमों की

मुझे लगा उसके पास कोई बरतन है जिसमें अँधेरा है

आने वाली सुबह अपना सामना कैसे करूँगा
कहाँ से पाऊँगा
सवालों के जवाब

चेहरा थोड़ा-सा चटक गया था
मेरी मिट्टी शुरू से ऐसी ही रही
ज़रा ठेस पर झरने लगती है
हर ठोकर महसूस होती है मुझे

दर्द से भरकर मैंने दिल को आसमान बना दिया
वहाँ तारे टिमटिमा रहे थे
देर तक कोई रोता रहा

मैंने सब कुछ कह दिया : उसने सुन लिया
फिर किसी ने कोई बात नहीं की देर तक
देर तक कोई वापस नहीं लौटा...।

टूट गये दुनिया भर के काँच

काँच से बनी चीज़ें बनती ही इसलिए हैं कि
उन्हें कोई तोड़ डाले

काँच की किरचें उसकी हथेली में धँस गयीं
कुम्हला गयीं काम करने वाली
वे उँगलियाँ

एक बूँद जम गयी
संगेमरमर पर छप गयी
आदिकालीन ख़ून की बूँद

अपनी पूरी पीड़ा के साथ वह
उपस्थित थी मेरे लिए

रात की अगरबत्ती थोड़ी-सी जली थी
उसकी गन्ध में घिरे
उसके चेहरे को देखा
दर्द से भीगा हुआ नींद से बोझिल

जाने कब हम अपने ही धुएँ में खो गये

मेरे सपनों में भी खुप गये
नुकीले काँच

अपने तलवों को देखा
उनमें सजी हुई थीं काँच की कीलें

न दिखता हुआ उसका चेहरा
दूर से कह रहा था
अलविदा!

दूर दुनिया भर के काँच
टूटकर
बिखर गये।

वह उजड़ती हुई रात

सितम्बर की वह उजड़ती हुई रात थी

पारा-पारा बिखर गया था
तबाह शाम का नशा था या लुट जाने का जुनून
दीवार पर चमकती अपनी परछाई से खेलने के
उस खेल में बार-बार हार रहा था

ज़िन्दगी ऐसे दूर होती है आदमी से
लोग यूँ ही अकेले हो जाते हैं

खिड़की के काँच पर पानी-पानी बादल
गिरती हुई बूँदें जाने कहाँ समा रही थीं
उस वीराने में कौंधती हुई रोशनियों का सहारा था
कि ख़ुद को देख लेना था
सुनाई दे जाती थीं अपनी साँसें

सपनों के सारे घर जैसे नींद में सोये हैं

अपने होने को जतलाती
कच्ची आवाज़ में उसने कुछ कहा
प्राचीन इच्छाएँ हमें नया कर रही थीं

धरती बुलाकर थक गयी थी पिछले कई दिनों से
अब आसमान की बारी थी टूटकर बहने की

मिट्टी नम हुई कि हवा हमें घेरने लगी

जाने क्या ढूँढ़ थी : जाने क्या खो गया था
जाने क्या जाने क्यों...
उसके कान के पास गूँज रही थी मेरी पुकार

सितम्बर की वह उजड़ती हुई रात थी।

जब खिड़कियों पर

जब खिड़कियों पर दस्तक देती हवा कबूतर में बदल जाती है
आकाश से तारे उतर आते हैं नीचे
और चमकने लगते हैं सूर्य से भी तेज़

तितलियाँ अपने रंगों को हवा में छोड़ती हैं
फूल अपनी गन्ध को पत्तों पर
पेड़ अपने बीजों में ख़ुद को महसूस कर हो जाते हैं अनन्त

घर अपने दरवाज़ों से बाहर आकर धुन्ध के पर्दे को खोल देते हैं

रास्ते भर सुनी कटी-पिटी आवाज़ों को पोंछता हूँ
पानी की तरह छरछराता दिनभर का शोर नल के रास्ते बहने लगता है
पृथ्वी पहिए की तरह घूमने लगती है थके हुए पैरों के नीचे
भूमिगत तार ख़ुशी की लय में पढ़ते हैं समाचार
गाँव संसार में खोने से बच जाता है
उपग्रह अपने धातुकवच के भीतर लेते हैं साँस

एक अर्थ की भाषा जन्म लेती है
जिसे गलत बोलने पर भी डर नहीं होता फटकारे जाने का

आग में हवा लौटती है : धरती के आकाश में बजता है जल

मैं आता हूँ कि मुझे तो आना ही था
तुम्हारे पास।

कमीज़ की जेब में वसन्त

तापमान बढ़ रहा था ठंडे पत्तों का
चीलें झपट रही थीं पेड़ों की तरफ़
बच्चे ने ढेला उठाकर फेंका— मिट्टी झरी!
वसन्त अफ़वाह-सा फैल रहा था
रंग चमक रहे थे तितलियों के पंखों के
फूलों को भी इसी वक़्त मदहोश होना था

हवा के आँगन में धूप की कुर्सी पर बैठी वह कह रही थी कोई कहानी
आता हुआ यह साल जाने क्या अर्थ लेकर आया है मेरे लिए
कहकर वह चुप हो गयी
इसके बाद कई कहानियाँ शुरू हुईं
किस शब्द के पीछे छिपूँ कि उससे ओझल हो जाऊँ

जीने लायक़ ज़रूरी चीज़ें ही अब तक जुटा सका था मैं
उन्हें लेकर छत पर गया
इतनी ऊँचाई से भी पृथ्वी पर रेंगते मेरे दुख मुझे दिख रहे थे

इससे ज़्यादा और क्या होना था मेरे साथ कि
मैंने घड़ी देखी तो वहाँ अन्धा कुआँ था
प्यास ही बुझा लूँ सोचा तो पानी ख़ून हो गया

रोशनी की ज़रूरत सूरज पूरी कर रहा था
शुक्र है कि रात में चाँद रहता है अपनी लंगड़ी टाँग पर खड़ा
मैंने ऊपर देखा तो आँखें चौंध से मुँद गयीं

वसन्त को देखता हूँ कमीज़ की जेब में
उफ़! वहाँ कुछ फूलों की ख़ुश्बू अब भी बाक़ी है
क्या हुआ होगा उन तितलियों का जो चूमती थीं

मैंने उड़ा तो दिया उन्हें लेकिन अब कहाँ होंगी?

मोमबत्ती की रोशनी में हमारा उजाला

उसकी लौ छटपटा रही थी
अपने भीतर कहीं खुपा हुआ
अँधेरा
उसे घेर रहा था

हमारे डेरे में
घिर रहा था कुछ और भी
जो बरस जाता तो
हो जाती प्रलय

वह स्त्री उमड़ने लगी
तो मैंने उसे सहारा दिया
थामने के लिए
घर था बिखरा हुआ
जो दीवारें हमें बाँट रही थीं
यहाँ काम आ गयीं

मोमबत्ती बुझे हुए उजाले को
लौटा रही थी
जो रँग रहा था
हमारे चेहरों को

उसकी रंगत हम ऐसे भी
देख रहे थे कि
बुझते-बुझते हम
फिर करने लगे थे रोशनी।

पागलपन बहुत हुआ

बहुत तेज़ हवा चली
तुमने सुना
वह बर्फ़ बन गयी

अभी दिन था बचा
शहर भर ने
बुझा दीं रोशनियाँ

पत्तियों पर कुछ हुआ
ख़ामोश कसमसायीं
घुटनों पर सोयीं
पेड़ों की सुन्न उँगलियाँ

रोने की आवाज़ में
चुप शोर-सा मचा
उसे अपनी ही आग में पिघलता देख
रात के पक्षियों ने
अपना घर जला दिया

सपने में नींद
नींद में सपना जब खुला
ख़ुद से कहा— सुनो!
घर चले चलो
अब यह पागलपन बहुत हुआ...।

प्रेम नामक वस्तु

मैं प्रेम नामक वस्तु का व्यक्तिगत स्वाद आपको
भी चखाना चाहता हूँ। पहले आप कहते हैं वह
गोपनीय अनुभव की वस्तु है फिर चुप लगा जाते
हैं कि मैं बिलकुल ही मना न कर दूँ

आप कहते हैं मेरा घर रहस्यों से भरा है फिर
कहते हैं जितनी जगह बची है उसमें दूसरे
सार्वजनिक कुटीर जीवन चल रहे हैं

आप तो रो पड़ते हैं। इसीलिए मैं हँसता नहीं हूँ
आप ज़्यादा हँसते हैं तो कहता हूँ ज़रा अपनी
छाती का ध्यान रखिये! आप मुझसे खार खाने लगते हैं

जहाँ आपको ग़ुस्सा होना चाहिए आप उदास हो
जाते हैं। आपका कीमती ग़ुस्सा बेकार चला जाता है

मैं बिलकुल चुप नहीं होता। आपके डर से नहीं कि
आप उसे मेरी साज़िश बताते फिरते हैं। मैं बस
इतना जतलाना चाहता हूँ कि आपको कहीं पहुँचना
है और आप समझ बैठे हैं किसी को आपके पास आना है!

क्यों होता है ऐसा

क्या होता है कि प्रेम करते हुए उसकी किसी बात से
असहमत होकर मैं प्रेम करना स्थगित कर देता हूँ
ग़ुस्सा उसे भी आता है। मेरा ग़ुस्सा अलग तरह का है

अपने जिस्मों के अँधेरे में हम अवांछित हो जाते हैं। नफ़रत
का मुँह चमचमाता रहता है। सरीसृपों से भी पहले की
है हमारी घृणा। हम तो बहुत बाद में सीखे

नींद को लेकर हम नहीं लड़ते। सुबह हम प्रार्थना नहीं
करते। हमारी बेचैनी का कारण जो भी है— वह प्रेम
नहीं हो सकता। कई बार लगता है प्रेम का रास्ता हम
तक नहीं आता। कई बार हम ही छोड़ देते हैं उस
पर चलना

सुलह और माफ़ी के बीच हमारा ग़ुस्सा ठंडा पड़ जाता
है प्रेम क्यों होता है ऐसा कि वह सिर्फ़ अपने लिए
चाहता है हमारा ख़ून! धराशायी होना!!

प्रेम का अन्तिम वाक्य

प्रेम मेरे लिए गोपनीय पत्र नहीं है। वह
मेरे सोचने की तरह है। मैं उसे छुपाता
हूँ तो वह निजी कदाचार है और हर हाल
में इससे घृणित क्या होगा?

वह साक्षात् है दिखने वाली दुनिया जैसा
जो मेरी आँखों के सामने खुली है उन
दृश्यों की तरह जिनमें मैं भी हूँ।

प्रेम मेरी घृणा को परखता है और जो
तेज़ाब मुझमें बनता है उसे सहने लायक़
बनाकर रखता है मुझे सन्तुलित। यह
सोचना तक कठिन है कि जब मैं प्रेम
नहीं कर रहा होता तो घृणा के अलावा
क्या करता हूँ?

कोई प्रेम अन्तिम नहीं होता और जो
ऐसा अनुभव दे जाता है वही असफल है।
प्रेम के सफल होने की पहचान है कि वह
हमें नये प्रेम के लिए प्रस्तुत करे!

प्रेम के वह क्षण भी सहे हैं मैंने जो
इतने नाटकीय थे कि मेरे जीवन से

ऊपर उठ गये। जब वे गुज़र गये मुझे
दुनिया को दूसरे कोण से देखने का
साहस मिला। अगर मैं उन्हें यातना
नहीं कहता तो झूठ बोलता हूँ और उन
दूसरे क्षणों के सामने बहुत छोटा हो जाता हूँ
जिनमें मैंने मानवीय भाषा के प्राथमिक
पाठ सीखे। प्रेम पर कहने के लिए बहुत
कुछ है लेकिन इस असमाप्त नाटक का
अन्तिम वाक्य है कि प्रेम मनुष्य द्वारा
रची इस दुनिया की अनिवार्य घटना है।

□□□